AF591292

PAUL BILHAUD ET ALBERT BARRÉ

J'ATTENDS ERNEST

COMÉDIE EN UN ACTE, EN PROSE

PRIX : 1 FR. 50.

PARIS

LIBRAIRIE THÉATRALE

14, RUE DE GRAMMONT, 14

1885

Droits de reproduction, de traduction et de représentation réservés.

Yth 21840

J'ATTENDS ERNEST

COMÉDIE EN UN ACTE EN PROSE

Représentée pour la première fois à Paris, sur le théâtre du Palais-Royal, le 11 avril 1885.

21340

DES MÊMES AUTEURS

PAUL BILHAUD

La Douche, comédie en un acte........................ 1f »
Gustave, comédie en un acte......................... 1 »
La Soirée du Seize, comédie en un acte............... 1 »
La Première Querelle, saynète en vers (2e édition)..... 1 »
Gens qui rient, monologues et poésies (8e édition). Un volume in-12.................................. 3 50
Le Hanneton, monologue (26e édition................ 1 »
Solo de Flûte, monologue............................ 1 »
Premier Amour, monologue (8e édition)............... 1 »
La Sonate, monologue (2e édition)................... » 50
Oraison Funèbre de ma Belle-Mère, monologue (6e édition).. 1 »
Le Voleur volé, conte en vers, illustré par H. Gray (2e édition).. 1 »

ALBERT BARRÉ

Les Gilets Jaunes, comédie en trois actes.............. 2f »
La Chauve-Souris, comédie en un acte................. 1 50

PAUL BILHAUD ET ALBERT BARRE

J'ATTENDS ERNEST

COMÉDIE EN UN ACTE, EN PROSE

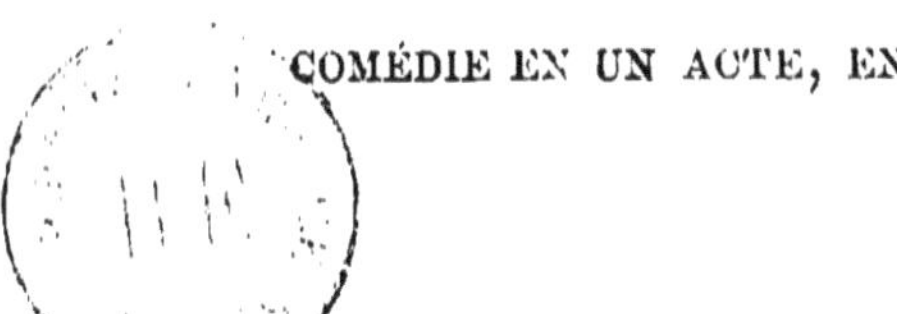

PRIX : 1 FR. 5

PARIS
LIBRAIRIE THÉATRALE
14, RUE DE GRAMMONT, 14

1885

Droits de reproduction, de traduction et de représentation réservés.

PERSONNAGES

GUSTAVE, 26 ans	MM. NUMA.
BOULZAGUET, commandant, 50 ans	MONVAL.
DE BARJOL, 45 ans	GARON.
CHAUVANCY, 45 ans	VICTORIN.
CÉCILE, nièce de Boulzaguet	Mlles FRÉDÉRICKX.
Mme DE BARJOL	D'ANGEL.
JOSÉPHINE, domestique de Chauvancy	JANE SIMON.

A Paris, de nos jours.

La gauche ou la droite se prennent au point de vue du spectateur.

Pour la mise en scène, s'adresser à M. René Luguet, régisseur au théâtre du Palais-Royal.

J'ATTENDS ERNEST

Salon riche. — Au fond et au milieu une cheminée avec porte de chaque côté donnant dans un second salon où se tient le bal. — A droite et à gauche, portes au deuxième plan. — Celle de gauche sert de vestiaire. On voit déjà sur un rayon des paletots et des chapeaux. — Au premier plan de gauche, une porte. — Au premier plan de droite, une console surmontée d'une grande glace. — Une causeuse devant cette console. — Un fauteuil à gauche devant la porte.

SCÈNE PREMIÈRE

JOSÉPHINE, puis CHAUVANCY

(Au lever du rideau, Joséphine, voyant entrer un invité par la porte du 2e plan à droite, lui dit : « Par ici le vestiaire ». — Ce monsieur lui remet son pardessus et demande : « Le commandant est-il arrivé ? » — Joséphine répond : « Pas encore ». — L'invité entre au bal par la porte du fond, à gauche. Alors Joséphine commence son monologue.)

JOSÉPHINE, seule, dansant en chantant.

Tra, la, la, la... Ah! si j'étais invitée autrement que comme domestique!... Tiens! la musique s'arrête, j'allais toujours. (Elle s'arrête.) Oh! la valse! Qu'est-ce qu'il faut pour bien valser?... un peu d'oreille dans les jambes, voilà tout... (Elle repart.) Tra la la la.

CHAUVANCY*, entrant de gauche.

Eh bien! Joséphine?

JOSÉPHINE, à part.

Bigre! le patron!

CHAUVANCY.

Vous frottez le salon?

* Chauvancy, Joséphine.

JOSÉPHINE.

Non, monsieur.

CHAUVANCY.

Alors, vous l'usez. (Bruit de bravos et de trépignements au dehors. A ce bruit, il remonte vers la porte d'entrée, pan coupé de droite.) C'est au-dessus qu'on fait ce tapage?

JOSÉPHINE.

Oui, monsieur, chez Mlle Nini Plumette.

CHAUVANCY, avec dédain.

En effet, cette demoiselle donne aussi un bal le même jour que moi... comme c'est agréable... Mes invités sont exposés à rencontrer dans l'escalier ceux de cette dame!

JOSÉPHINE, à part.

Avec ça qu'ils sont chouettes ses invités, à lui!... Des gens qui donnent dix sous pour leur vestiaire et qui réclameraient presque la monnaie, c'est piteux! Il y en a un cependant une fois qui m'a donné cent sous... j'ai cru qu'il s'était trompé... mais non, c'était une pièce fausse... je la repasserai... Tiens! je n'ai pas le moyen de perdre cent sous, moi. (Bruit dehors. Le bruit redouble.)

CHAUVANCY, redescendant.

Quel vacarme! C'est scandaleux! J'en parlerai au propriétaire.

JOSÉPHINE, riant.

Le propriétaire? il est invité chez Mlle Nini Plumette.

CHAUVANCY.

C'est comme ça qu'elle lui paie son terme! (Apercevant Boulzaguet et Cécile qui entrent.) Ah! le commandant Boulzaguet et sa nièce!

SCÈNE II *

Les Mêmes, BOULZAGUET, CÉCILE

CHAUVANCY.

Ce cher commandant, comment va ?

BOULZAGUET, brusque.

Mal, merci, et vous ? (Il passe au vestiaire.)

CHAUVANCY, saluant Cécile.

Mademoiselle, comme c'est aimable à vous...

CÉCILE.

J'ai eu assez de peine à décider mon oncle.

CHAUVANCY.

Il ne voulait pas venir?

CÉCILE.

Il est toujours le même; tout ce qui n'est pas revue, exercice ou grandes manœuvres...

CHAUVANCY.

Oh! ces militaires!... (Il aide Cécile à se débarrasser.)

BOULZAGUET, à Joséphine qui lui retire son pardessus.

Doucement, crelotte, doucement! mon rhumatisme!... Un souvenir de Sébastopol!

CHAUVANCY.

Il ne passe pas ? (Joséphine va placer le paletot et vient prendre les objets que lui donne Chauvancy.)

BOULZAGUET.

Si, il passe... d'une épaule dans l'autre.

CHAUVANCY aide Cécile à se débarrasser et donne les objets à Joséphine; il fait asseoir Cécile à droite.

Ma femme vous attend avec impatience... Une

* Joséphine, Chauvancy, Boulzaguet, Cécile

valseuse comme vous, vous ne manquerez pas de cavaliers.

BOULZAGUET.

Des cavaliers! Quelle arme? Dragons? Hussards?

CÉCILE.

Mais non, mon oncle, des danseurs.

Elle passe à son oncle, puis elle remonte à la porte du fond à gauche et regarde le bal.

CHAUVANCY, voyant entrer M. et Mme de Barjol.

Excusez-moi, commandant, voici des invités. (Il va à eux.) Madame... Ce cher de Barjol.

SCÈNE III *

LES MÊMES, M. ET Mme DE BARJOL

BOULZAGUET, à Joséphine qui lui présente un petit carton.

Qu'est-ce que c'est que ça?

JOSÉPHINE.

Le numéro du vestiaire.

BOULZAGUET.

Pour mon pardessus? Inutile, je le reconnaîtrai.

JOSÉPHINE.

Le fait est qu'avec des fourrures pareilles...

BOULZAGUET.

Et le ruban rouge, petite niaise!

JOSÉPHINE.

Oh! il ne manque pas ici de paletots décorés.

* Pendant cette scène, Chauvancy cause à droite avec de Barjol et sa femme.

BOULZAGUET.

Peuh! Décoration civile, ce n'est pas un ruban, c'est une faveur.

Il va à Cécile, et cause avec elle.

CHAUVANCY, à Joséphine.

Joséphine, prenez les effets. (Faisant les présentations.)

Au moment de la présentation, Cécile est près de son oncle.*

M. et Mme de Barjol... Le commandant Boulzaguet et sa nièce. (Ils se saluent.)

Joséphine remonte, de Barjol descend, sa femme va à une glace arranger sa coiffure.

BOULZAGUET, regardant de Barjol, à part.

Pas décoré, celui-là, à la bonne heure, il se distingue. Mais il est marié, il a tout de même sa croix... j'aime mieux la mienne...

CÉCILE.

Entrons-nous, mon oncle?

BOULZAGUET.

Je t'attendais. (Boulzaguet et Cécile entrent dans le bal au fond à gauche).

SCÈNE IV

CHAUVANCY, Mme DE BARJOL, DE BARJOL, JOSÉPHINE, puis GUSTAVE.

CHAUVANCY, à de Barjol.

Peut-on arriver à cette heure-ci!

DE BARJOL.

Ne m'en parlez pas, avec les femmes...

* Boulzaguet, Cécile, Chauvancy, Mme de Barjol, de Barjol.

CHAUVANCY.

Madame Chauvancy s'inquiétait de vous à l'instant, je vais la prévenir de votre arrivée.

DE BARJOL.

Ça permettra à ma femme de faire ses confidences à la glace... Oh ! les femmes ! (Il remonte derrière Chauvancy et il disparaît à gauche.)

Mme DE BARJOL, à part, s'asseyant sur la causeuse.

Ce jeune homme qui nous a suivis, serait-ce celui qui m'a fait parvenir dernièrement un billet passionné signé Robert ? (Apercevant Gustave.) Lui ! Me suivre ainsi !... Quelle imprudence ! (Elle se lève vivement et lui tourne le dos en se regardant dans la glace.)

GUSTAVE, à part, près de la porte.

Je ne vois pas Ernest, c'est ennuyeux ! c'est lui qui devait me présenter à Nini Plumette... Je sais bien que dans ce monde-là on peut bien se présenter tout seul, mais je manque d'habitude. Je n'ai jamais été dans le demi-monde qu'à Pithiviers, ce n'est pas suffisant. (Il regarde à droite et à gauche.)

JOSÉPHINE sortant du vestiaire, à Gustave.

Monsieur cherche le vestiaire ?

GUSTAVE.

Le vestiaire ? (A part.) N'ayons pas l'air d'être de Pithiviers. (Haut.) Précisément.

JOSÉPHINE.

C'est moi, monsieur. (Gustave est devant la cheminée pendant que Joséphine le débarrasse de son pardessus.)

DE BARJOL, rentrant, à part, regardant Gustave.

Encore cet individu ?... c'est singulier, il stationnait à la porte, il entre sur nos talons... Viendrait-il pour ma femme ? Oh ! si je m'apercevais !... (Il vient du fond à gauche et descend n° 1, puis il passe à sa femme : haut.) Eh ! bien ! êtes-vous prête ?

Mme DE BARJOL.

Dans un instant.

Chauvancy entre du fond à gauche et s'avance vers Gustave au moment où Joséphine qui a retiré le pardessus l'emporte au vestiaire.*

GUSTAVE se retournant et croyant parler à Joséphine.

Merci, petite. (S'apercevant de sa méprise.) Oh ! pardon !

CHAUVANCY, aimable.

Du tout...

GUSTAVE, saluant.

Monsieur...

CHAUVANCY, saluant.

Monsieur... à qui ai-je l'honneur ?

GUSTAVE.

Ça n'a pas d'importance.

CHAUVANCY.

Cependant...

GUSTAVE.

Mon Dieu, je vais vous dire... j'attends Ernest... Ernest Sauvageon.

CHAUVANCY.

Sauvageon ? Ah ! très bien, je vous demande pardon... (A part.) Sauvageon ? connais pas du tout.

GUSTAVE.

Savez-vous s'il est arrivé ?

CHAUVANCY.

Je ne sais pas, je vais voir.

* Joséphine, Chauvancy, Gustave, de Barjol, Mme de Barjol

GUSTAVE.

C'est lui qui doit me présenter, alors...

CHAUVANCY, à part.

Des invités de ma femme. (Haut.) Comment donc, cher monsieur, les amis de nos amis...

GUSTAVE.

Trop aimable vraiment. (A part.) Ça doit être celui qui finance...

CHAUVANCY, désignant Mme de Barjol.

Vous permettez? Une dame à conduire.

Il passe à de Barjol.

GUSTAVE, s'inclinant.

Faites donc. (A part.) Quel monde facile !... Les amis de nos amis sont... comme leurs femmes parbleu ! C'est charmant. (Il remonte, sort par le fond de gauche et rentre presque aussitôt par le fond de droite.)

DE BARJOL, emmenant Chauvancy à l'extrême gauche, bas.

Vous connaissez ce jeune homme?

CHAUVANCY.

Du tout.

DE BARJOL.

Allons donc?

CHAUVANCY.

C'est un invité de ma femme.

DE BARJOL.

Ah ! c'est...

CHAUVANCY.

Naturellement, puisque je ne le connais pas.

Gustave reparaît, il s'arrête devant la cheminée.

Mme DE BARJOL, à part, le regardant.

Il faut que je l'avertisse; si mon mari soupçonnait...

DE BARJOL, à Chauvancy.

Ça n'est pas clair.

CHAUVANCY.

Ça arrive tous les jours.

Mme DE BARJOL, passe vivement devant Gustave, bas.

Il faut que je vous parle ! (Geste de Gustave.) Silence !

Elle s'arrête au milieu du théâtre. Gustave descend à droite.

DE BARJOL, à part.

Elle lui a fait signe ! j'en étais sûr.

CHAUVANCY, offrant son bras à Mme de Barjol.

Chère madame.

GUSTAVE, à part, au fond.

Une intrigue déjà ?

CHAUVANCY, à Mme de Barjol *.

Toujours jaloux, votre mari ?

Mme DE BARJOL.

Plus que jamais, il est insupportable !

CHAUVANCY.

Quand on vous voit si charmante, on est tenté de l'excuser.

Mme DE BARJOL, coquette.

Je ne puis pourtant pas me défigurer pour lui faire plaisir.

Elle prend le bras de Chauvancy.

CHAUVANCY.

Ce serait dommage.

Ils sortent par le fond, à droite.

DE BARJOL, à part, regardant Gustave.

Toi, mon gaillard, tu as beau n'avoir l'air de rien, je te surveille.

Il sort par le fond, à droite.

* De Barjol, Chauvancy, Mme de Barjol, Gustave.

SCÈNE V

GUSTAVE, JOSÉPHINE

GUSTAVE, à part.

Elle est charmante cette femme-là, et elle a à me parler? Ça commence bien. (A lui-même.) Allons, mon ami Gustave, je crois que tu vas passer une bonne soirée. C'est égal, je voudrais bien voir Ernest. . Cet animal me dit à onze heures devant la porte cochère, à minuit il n'était pas arrivé, et il pleut à verse.

JOSÉPHINE, sortant du vestiaire sans le reconnaître. *

Si Monsieur veut se débarrasser?

GUSTAVE, étonné.

Encore ? (Désignant son habit.) Alors, qu'est-ce qu'il me restera ?

JOSÉPHINE, le regardant.

Pardon, je n'avais pas reconnu Monsieur.

Elle remonte un peu.

GUSTAVE.

Ah! bon! (A part.) Après tout, ça pouvait être une habitude de la maison. (Haut.) Dites-moi, Ernest est-il arrivé ?

JOSÉPHINE, descendant.

Ernest ?

GUSTAVE.

Ernest Sauvageon... Vous connaissez bien... le petit Nénest ? (Il cligne de l'œil.)

JOSÉPHINE.

Le petit... connais pas.

* Joséphine, Gustave.

GUSTAVE.

Non? (A part.) C'est une extra... elle ne connaît personne. (Haut.) Je l'ai attendu une heure sous la porte... en fiacre... Ah! ça me fait penser... Vous seriez bien aimable de descendre payer mon cocher... Voilà 20 francs... une heure un quart...

JOSÉPHINE.

Bien, monsieur.

Elle sort par la droite, deuxième plan.

GUSTAVE, seul, regardant partout.

Enfin, me voilà donc chez une cocotte! une cocotte de Paris! Ah! si Pithiviers me voyait! C'est très chic ici. Il n'y a que ces femmes là pour avoir du goût... Veinard d'Ernest!... Il est très lié avec elle... il est de toutes les fêtes de nuit... même le jour. C'est lui qui m'a invité. J'ai accepté avec enthousiasme, seulement j'attendrais peut-être encore en bas, si je ne m'étais décidé à entrer bravement derrière un couple... Faut de l'aplomb dans ce monde-là!

JOSÉPHINE, entrant. *

Voilà la monnaie de Monsieur. (A part.) Je lui colle ma pièce fausse.

GUSTAVE.

Merci. (A part.) Il ne faut pas lésiner ici. (Haut.) Tenez, mon enfant. (Il lui donne une pièce.)

JOSÉPHINE, à part.

Cent sous! (Haut, remerciant.) Monsieur... (Regardant la pièce, à part.) Pristi! c'est ma pièce!... (Haut.) Mais, Monsieur...

* Gustave, Joséphine.

GUSTAVE, d'un ton dégagé.

C'est bien, gardez.

JOSÉPHINE, à part.

Pané! va.

Elle remonte et disparaît dans le vestiaire.

SCENE VI

GUSTAVE, Mme DE BARJOL

GUSTAVE, à part.

Je vais me risquer, tant pis! Entrons!

Il remonte vers le fond, à gauche.

Mme DE BARJOL, entre vivement par le fond à droite, et regarde autour d'elle.

Pardon, monsieur.

GUSTAVE, à part.

Elle!

Mme DE BARJOL.*

Cette scène se joue presque devant la cheminée.

C'est bien vous, n'est-ce pas, qui m'avez envoyé ce billet? (Elle tire de son corsage le billet.)

GUSTAVE, à part.

Un billet? De l'aplomb! (Haut.) Certainement.

Mme DE BARJOL.

Vous ne saviez donc pas à quel danger vous m'exposiez? Mon mari est d'une jalousie!...

GUSTAVE, à part, en riant.

Son mari!

Mme DE BARJOL.

Vous risquiez de me perdre. Aussi, quel que soit

* Gustave, Mme Barjol.

le sentiment que j'aie pu vous inspirer, je vous en prie, oubliez-moi.

GUSTAVE.

Vous oublier, déjà? (A part.) Quand je ne la connais pas encore.

Mme DE BARJOL.

Il le faut.

GUSTAVE, avec émotion.

Il est trop tard, maintenant.

Mme DE BARJOL.

Reprenez ce billet.

GUSTAVE.

Jamais! ce serait désavouer ce qu'il contient.

Mme DE BARJOL.

Si, si, tenez. (Elle lui tend le billet.) Je vous en prie, M. Robert.

GUSTAVE, à part, étonné.

M. Robert?

Mme DE BARJOL, regardant au fond.

Reprenez ce billet, vous dis-je. Oh! mon mari!

Elle tend le billet à Gustave, mais apercevant son mari de loin, elle lâche le billet que Gustave ne voit pas tomber, et elle se sauve par le fond à droite.

GUSTAVE, seul.

Elle s'en va? Je ne la quitte plus. Une bonne fortune! Si jamais je rencontre ce M. Robert, eh bien! je lui paierai quelque chose. Je lui dois bien ça.

Il sort par le fond, à droite.

SCÈNE VII

DE BARJOL, BOULZAGUET, CHAUVANCY, JOSÉPHINE.

DE BARJOL, à part, entrant du fond à gauche et descendant à gauche, soupçonneux.

J'ai perdu ma femme de vue. Et ce jeune homme n'est plus là! Je ne m'étais pas trompé.

BOULZAGUET, entre avec Chauvancy du fond à gauche.

Cristi! Que de monde! On vous marche sur les pieds là-dedans. (Il va s'asseoir sur la causeuse.)

CHAUVANCY.

Ce pauvre commandant.

BOULZAGUET.

Ça n'arriverait pas si on dansait à cheval.

DE BARJOL, à part.

Chauvancy! il va me renseigner.

BOULZAGUET.

C'est absurde les bals! Et si ce n'était pas à cause de ma nièce, vous ne verriez pas souvent mes guêtres.

CHAUVANCY, à part.

Quel porc-épic!

DE BARJOL, bas à Chauvancy, après l'avoir attiré à lui.

Chauvancy, deux mots. Le nom de ce jeune homme?

CHAUVANCY

Quel jeune homme?

DE BARJOL.

Qui est entré en même temps que nous.

CHAUVANCY.

Je vous ai déjà dit que je ne le connaissais pas.

DE BARJOL.

Chauvancy, vous vous êtes aperçu de quelque chose et vous voulez me le cacher. Ce jeune homme est l'amant de ma femme.

CHAUVANCY, impatienté.

Ah ! encore ?

DE BARJOL

Comment encore ? Vous en connaissez d'autres ?

CHAUVANCY.

Non, mais vous vous imaginez toujours...

DE BARJOL.

Aujourd'hui, je suis sûr, j'ai des preuves. L'escalier... son entrée... leur air troublé ..

BOULZAGUET, voyant le billet à terre, se lève et le ramasse.

Tiens !... qu'est-ce que c'est que ça ? Corvée de quartier mal faite... Un billet ?

DE BARJOL, bondissant.

Un billet ! (A Chauvancy.) Quand je vous le disais. (Il passe à Boulzaguet.)

CHAUVANCY.

Oh !

BOULZAGUET.

Il est à vous ?

DE BARJOL.

A moi ? non, mais à ma femme.

CHAUVANCY, haussant les épaules.

Parce qu'on trouve un papier par terre...

DE BARJOL.

A qui est-il alors ? (A Boulzaguet.) Pas à vous ? (A Chauvancy.) Ni à vous ?

CHAUVANCY.

C'est un billet que quelqu'un...

DE BARJOL.

Vous voyez, vous ne pouvez pas m'expliquer. (A Boulzaguet, prenant le billet.) Permettez. (Lisant.) « Je vous aime toujours plus que jamais. » (Parlé.) C'est bien ça !... « signé Robert. » Robert ! son nom ! enfin !

CHAUVANCY.

Voyons, qu'est-ce vous allez encore vous mettre en tête ?

DE BARJOL.

Me mettre ?... Ah ! pas de mauvaises plaisanteries... n'est-ce-pas ! Mais ça ne se passera pas comme ça... (Il remonte.)

CHAUVANCY.

Je vous en prie, pas de scandale.

DE BARJOL.

Il a peur du scandale ! Vous voyez bien qu'il y a quelque chose ! (Il sort au fond à droite.)

CHAUVANCY, à Boulzaguet.

Il est incurable !

BOULZAGUET.

C'est fâcheux qu'il ne soit pas militaire, on pourrait le faire entrer aux Invalides.

SCÈNE VIII

BOULZAGUET, CHAUVANCY, CÉCILE, puis GUSTAVE.

CÉCILE, venant du fond à gauche, à Chauvancy. *

Ah ! monsieur, quelle soirée charmante !

CHAUVANCY.

Vous vous amusez, mademoiselle ?

CÉCILE, elle passe à son oncle.

Oh ! oui, monsieur. (A Boulzaguet.) Mon oncle, vous avez gardé mon carnet.

BOULZAGUET.

Ah ! (Il fouille dans ses poches.) Danses-tu au moins ?

CÉCILE.

Je ne manque pas une danse.

BOULZAGUET.

A la bonne heure, crelotte ! Tu es ici pour ça ; si tu ne danses pas, je te remmène.

Il lui donne le carnet de bal.

CÉCILE, câline.

Non, mon oncle, vous ne me remmèneriez pas.

CHAUVANCY, riant.

Et puis, il faudrait ma permission.

Ils continuent à causer tout bas.

GUSTAVE, entrant du fond et descendant à gauche. **

Où a-t-elle pu passer ?... Je la retrouverai. C'est curieux, je me faisais une autre idée de ce milieu-là,

* Cécile, Chauvancy, Boulzaguet.
** Gustave, Chauvancy, Cécile. Boulzaguet.

moi. C'est très convenable jusqu'ici. Ce n'est peut-être pas encore l'heure. (Apercevant Cécile.) Ah ! la jolie fille, sapristi !

CÉCILE, tirant les moustaches de Boulzaguet.

Est-ce que je ne fais pas de vous tout ce que je veux ?

GUSTAVE, à part.

Ça devient tendre, par ici... C'est l'heure.

CHAUVANCY, riant.

Eh bien, commandant, vous voilà pris.

GUSTAVE, à part, riant.

Un commandant ! Un commandant de Casino.

BOULZAGUET, se dégageant.

Pas de discipline, cette enfant-là.

CHAUVANCY.

Laissez donc, vous êtes enchanté !

Il remonte et rentre dans le bal.

GUSTAVE, à part

Elle est charmante, et dire que c'est ce vieux requin qui... ma foi, je me lance !

Il s'avance vers Cécile.

BOULZAGUET, bas à Cécile, sur le ton du commandement.

Garde à vos ! voilà une inspection ! De la tenue ! Crelotte ! Fixe !

GUSTAVE, à Cécile.

Si j'osais demander à Madame...

CÉCILE.

Vous pouvez dire Mademoiselle...

GUSTAVE, étonné.

Oh ! pardon ! (A part.) Mademoiselle ? devant lui ?...

(Haut.) M'accorderez-vous la faveur de la première valse ?

CÉCILE.

Certainement, monsieur.

SCÈNE IX

LES MÊMES, DE BARJOL

DE BARJOL, entrant du fond, à gauche, et apercevant Gustave, à part.

Enfin, le voilà!

Il descend à gauche.

CÉCILE, tout-à-coup

Mais, c'est notre valse qu'on joue.

GUSTAVE, offrant son bras

En effet.

BOULZAGUET.

Allez, jeunes gens, allez faire le manège.

GUSTAVE, à part.

Le manège? C'est un marchand de chevaux.

DE BARJOL, à part.

Le commandant le connaît, parfait!

CÉCILE, prenant le bras de Gustave.

Valsez-vous à deux temps, Monsieur, ou à trois temps?

GUSTAVE.

Comme à Pithiviers... (Se reprenant.) Comme il vous plaira.

CÉCILE.

Eh bien! alors, à trois temps.

GUSTAVE.

A trois temps? soit. (A part.) Pour que ça dure plus longtemps; elle est charmante.

Ils sortent par le fond, à gauche.

SCÈNE X

DE BARJOL, BOULZAGUET

DE BARJOL.

Pardon, commandant, un mot... Vous connaissez ce M. Robert?

BOULZAGUET.

Qui ça, Robert?

DE BARJOL.

Ce monsieur qui danse avec votre nièce.

BOULZAGUET.

Ah! il s'appelle Robert?... Je ne le connais pas.

DE BARJOL.

Ni moi non plus, mais c'est l'amant de ma femme.

BOULZAGUET, naïvement.

Il ne me l'a pas dit.

DE BARJOL.

Jusqu'ici, je n'avais que des soupçons, mais depuis le billet...

BOULZAGUET, goguenard.

Quel billet? de logement?

DE BARJOL.

Celui que vous m'avez remis tout-à-l'heure.

BOULZAGUET.

Rien ne prouve...

DE BARJOL.

Je le prouverai moi !... Et je le tuerai !...

BOULZAGUET.

Un duel !

DE BARJOL.

Peut-être...

BOULZAGUET.

Vous avez besoin d'un témoin ?..,

DE BARJOL.

C'est possible. Je vais toujours le provoquer.

Il remonte et sort à gauche.

BOULZAGUET.

Je ne vous quitte plus. (A part.) Les duels c'est mon affaire. J'en ai eu dix-huit... ça me fera dix-neuf !...

Il sort derrière de Barjol.

SCENE XI

GUSTAVE, CÉCILE.

Ils rentrent par le fond de droite.

CÉCILE.

Comme c'est ennuyeux, la valse était à moitié jouée.

GUSTAVE, conduisant Cécile à la causeuse.

On voit bien que les musiciens ne dansent pas, sans cela ils n'iraient pas si vite.

CÉCILE, assise.

Tiens, mon oncle n'est plus là ?

GUSTAVE, à part.

Son oncle ! Il n'y a que les femmes pour appeler les choses par leur petit nom.

CÉCILE.

Est-ce que vous le connaissiez ?

GUSTAVE.

Qui ça ?

CECILE.

Mon oncle.

GUSTAVE.

Oh ! beaucoup... de nom.

CÉCILE.

Il est enchanté quand je m'amuse.

GUSTAVE.

Ah ! (A part.) Eh bien ça me met à mon aise.

CÉCILE.

Il est si bon pour moi

GUSTAVE.

Heu ! il a l'air bien... cassé.

CÉCILE.

Cassé?

GUSTAVE.

Je veux dire qu'il ne doit plus danser beaucoup.

CÉCILE, souriant.

Il ne danse jamais.

GUSTAVE.

On fait ce qu'on peut, n'est-ce-pas ?

CÉCILE.

C'est pour m'être agréable qu'il m'accompagne dans le monde.

GUSTAVE, à part.

Elle appelle ça, le monde.,. Après tout, c'est juste, puisque c'est le sien (Haut.) Vous n'y allez pas tous les jours dans le monde, et vous devez bien avoir quelques petites soirées à vous, hein? (Il rit.)

CÉCILE, étonnée.

Des soirées à moi? Que voulez-vous dire?

GUSTAVE, d'un ton dégagé.

Voyons, vous n'êtes pas gentille; parce que je suis de Pithiviers, ce n'est pas une raison pour me faire poser.

CÉCILE.

Je ne vous comprends pas, monsieur.

GUSTAVE.

Si, vous comprenez très bien que je vous trouve charmante, adorable...

CÉCILE, se levant et passant à gauche.

Mais monsieur...

GUSTAVE.

Et que je suis désolé de penser que tous ces charmes sont la propriété d'un vieil invalide qui ne peut pas les apprécier.

CÉCILE.

Mon oncle, un invalide?

GUSTAVE.

Comme banquier, je ne dis pas, il est dans son rôle, mais il y a le cœur, pour appeler aussi les choses par leur petit nom, et le cœur... moi je vous l'offre.

CÉCILE.

Monsieur, je suis une honnête fille!

GUSTAVE, à part.

Est-ce qu'elle voudrait se faire épouser? (Haut.) Je vous l'offre avec des écrevisses? (A part.) Voyons, où ça ? (Haut.) A l'hôtel Continental ! et une baignoire au Palais-Royal.

CÉCILE.

C'est une plaisanterie, n'est-ce pas ?

GUSTAVE.

Une ?... On ne plaisante pas avec ces choses-là ! C'est dit ? Demain chez moi, rue de Trévise, 7, à l'entresol, ô ange !

CÉCILE.

Chez vous, monsieur !... Oh ! c'est affreux ! ..

GUSTAVE.

Affreux ? Non, vous verrez, c'est gentiment meublé, pour un pied-à-terre. Marché conclu, hein ?... Tiens, voici des arrhes. (Il lui embrasse la main.)

CÉCILE, elle tombe sur le fauteuil à gauche.

Monsieur ! (A part.) Et mon oncle qui n'est pas là.

Voix de Boulzaguet dans la coulisse.

GUSTAVE, à part.

Aïe ! le protecteur ! (Haut.) Je vous laisse ! A demain ! (A part.) Ça a été tout seul ! (Il sort en envoyant des baisers à Cécile.)

SCÈNE XII

CÉCILE, BOULZAGUET, DE BARJOL
puis JOSÉPHINE.

Boulzaguet suivi de Barjol se dirige vers la droite. Barjol descend entre la console et la causeuse.

CÉCILE.

C'est épouvantable ce qui m'arrive là ! Ce jeune homme qui paraissait si bien. (Voyant entrer Boulzaguet.) Ah ! mon oncle ! (Elle veut se précipiter dans ses bras.)

BOULZAGUET, l'éloignant.

Ne t'approche pas, tu vas te poisser !

CÉCILE.

Si vous saviez...

BOULZAGUET.

Comprend-on cet animal de domestique qui me renverse un verre dans le dos... du Porto ! Un vin que je ne peux pas souffrir !

DE BARJOL, l'épongeant.

Ce ne sera rien.

CÉCILE.

Mon oncle, ce jeune homme avec qui je dansais tout-à-l'heure...

BOULZAGUET.

Eh bien !

DE BARJOL.

Où est-il ? Parti ?

CÉCILE.

Oui, après m'avoir dit qu'il me trouvait charmante, adorable...

DE BARJOL.

Il a osé !

BOULZAGUET.

Ça prouve qu'il a bon goût, ce garçon !

CÉCILE.

Et il m'a offert son cœur.

BOULZAGUET.

Son cœur !... avec sa main alors ?

CÉCILE, naïvement.

Non, avec des écrevisses.

DE BARJOL.

Ça c'est raide !

CÉCILE.

Et une baignoire au Palais-Royal.

BOULZAGUET, naïvement

Une baignoire ! Pourquoi faire ?

CÉCILE.

Je ne sais pas, moi.

BOULZAGUET.

Ni moi. (A de Barjol.) Et vous ?

DE BARJOL.

Oh ! moi, je m'en doute...

BOULZAGUET.

Une baignoire ! Drôle d'idée... On ne voit pas clair là-dedans.

DE BARJOL.

C'est justement pour ça ! Je vous l'avais dit, c'est un polisson !

CÉCILE.

Enfin, il m'attend demain chez lui.

BOULZAGUET, sautant.

Hein !

CÉCILE.

7, rue de Trévise, à l'entresol.

DE BARJOL.

Il court donc après toutes les femmes à la fois !

CÉCILE.

Ce n'est pas tout, mon oncle.

BOULZAGUET.

Pas tout !

CÉCILE.

Il m'a embrassée.

BOULZAGUET.

Il t'a... crelotte !

CÉCILE, vivement.

La main seulement...

BOULZAGUET, passant à l'extrême droite.

Seulement? Il n'aurait plus manqué que... je l'étranglerai !

CÉCILE, effrayée, elle va vers lui, à part.

J'ai eu tort de parler. (Haut.) Mon oncle, ne vous emportez pas.

De Barjol est remonté regarder le bal.

BOULZAGUET.

Tu le défends maintenant !

CÉCILE.

Non, mais enfin tuer un homme pour un petit baiser sur la main...

BOULZAGUET.

Il faut peut-être que j'attende qu'il m'embrasse, moi! Mais je l'assommerai ! je le piétinerai !

CÉCILE.

Mon oncle ! Ecoutez-moi !...

BOULZAGUET.

Rien du tout !... Va dire adieu à Mme Chauvancy, nous partons.

Il la reconduit au fond, à droite.

CÉCILE.

Ah ! quel malheur !...

Elle sort.

BOULZAGUET, à de Barjol. *

Vous me servirez de témoin.

* De Barjol, Boulzaguet.

DE BARJOL.

Permettez, c'est moi qui dois me battre

BOULZAGUET.

Après moi, s'il en reste, et il n'en restera pas.

DE BARJOL.

Il s'agit d'abord de ma femme.

BOULZAGUET.

Votre femme! Vous n'avez donc pas entendu? Il a proposé à ma nièce de venir chez lui, rue de Trévise, 7.... Et à l'entresol!... On est arrivé tout de suite! Et vous venez nous ennuyer avec votre femme! Crelotte!

DE BARJOL.

Mais enfin ce billet qu'il a adressé à Mme de Barjol?

BOULZAGUET.

Ce n'est pas lui. S'il aimait votre femme il ne s'amuserait pas à courtiser ma nièce.

DE BARJOL.

Alors ce ne serait donc pas lui ce Robert?

BOULZAGUET.

Mais non. Faites-moi l'amitié d'aller trouver ce drôle et de le provoquer en mon nom.

DE BARJOL, à part.

Après tout, j'aime mieux ça. (Haut.) Avec plaisir.

BOULZAGUET.

Vous arrangerez ça pour demain, où vous voudrez, à n'importe quelle heure! Deux heures du matin, par exemple, ça l'embêtera! Paltoquet!

DE BARJOL, regardant dehors en remontant.

Justement le voici avec Chauvancy.

BOULZAGUET.

Il tombe bien ! (Il remonte.)

DE BARJOL, l'arrêtant.

Commandant !

BOULZAGUET.

Laissez-moi l'étrangler un peu, pour commencer.

DE BARJOL.

Non, ce n'est pas l'heure, vous avancez, et puis c'est à moi, votre témoin... que diable, soyons corrects.

BOULZAGUET, il désigne la porte 1er plan de gauche, il sort par là.

Vous avez raison. Je vais attendre là, à côté, je vous le confie, soyez violent ! (De Barjol gagne l'extrême droite.)

SCÈNE XIII

DE BARJOL, GUSTAVE, puis CHAUVANCY

GUSTAVE, tenant des billets à la main.

Impossible de trouver Ernest !... Je vais finir par me présenter moi-même à Mlle Plumette.

DE BARJOL, à part.

Que j'étais bête de m'imaginer que c'était lui qui avait écrit... Cependant son entrée en même temps que nous, le trouble de ma femme...

GUSTAVE, à part, comptant ses billets.

En attendant, je viens de gagner cinquante louis au baccarat.... en un quart d'heure !

DE BARJOL, à part.

Je vais bien voir.

GUSTAVE, *à part.*

Ce n'est pas possible, je dois posséder un fétiche.

DE BARJOL.

Pardon. Monsieur, ne serait-ce pas à M. Robert que jai l'honneur de parler ?

GUSTAVE.

M. Robert ? (*A part.*) Le voilà mon fétiche, c'est ce nom de Robert... (*Haut.*) Certainement, monsieur.

DE BARJOL, *à part.*

Comment, c'est lui ! (*Haut.*) Vous êtes M. Robert ?

GUSTAVE.

Pourquoi pas?

DE BARJOL.

J'y suis maintenant, cette scène, ce scandale, c'était de la comédie pour détourner mes soupçons.

GUSTAVE.

Je ne saisis pas.

DE BARJOL, *sérieux.*

Je suis M. de Barjol, monsieur !

GUSTAVE, *saluant.*

Enchanté, monsieur, de faire votre connaissance

DE BARJOL.

Ce n'est pas le moment de plaisanter, car j'ai votre billet.

GUSTAVE.

Mon ?... J'ai perdu un de mes billets ?

DE BARJOL.

Pas de faux fuyants. (*Chauvancy parait au fond à droite, Barjol le prend par la main et l'amène en scène.*) Du reste, j'ai un témoin, le voici. (*A Chauvancy.*) N'avons-nous pas trouvé tout-à-l'heure un billet ?

CHAUVANCY, impatienté.*

Vous allez recommencer ?

DE BARJOL.

Signé Robert ?

GUSTAVE, comprenant.

Ah !... bon... j'y suis !

DE BARJOL, à Chauvancy.

Un aveu, notez, Chauvancy.

GUSTAVE, riant.

Très drôle.

DE BARJOL, rageur.

Il rit !

GUSTAVE.

Oui, vous allez rire aussi.

DE BARJOL.

Je ne crois pas, monsieur.

GUSTAVE.

Je ne m'appelle pas Robert.

DE BARJOL, ironique.

Ta ra ta ta, je m'y attendais. Ça ne prend pas ! Du reste, je viens de parler à ma femme.

GUSTAVE.

Votre femme ? Je ne la connais pas.

DE BARJOL.

Elle m'a tout avoué.

GUSTAVE.

Ça, c'est plus fort !

DE BARJOL.

Voici ma carte.

* Gustave, de Barjol. Chauvancy.

CHAUVANCY.

Un duel ? chez moi ? Allons, bon !

DE BARJOL, à Gustave.

Vous reculez ?

GUSTAVE, prenant la carte.

Du tout, puisque vous avez l'air d'y tenir, (cherchant une carte dans sa poche.) voici la mienne.

DE BARJOL.

Inutile, je sais, rue de Trévise, 7.

GUSTAVE, à part, étonné.

Il connaît mon adresse ?

DE BARJOL.

Demain, deux de mes amis seront chez vous.

Il remonte.

GUSTAVE.

Soit, monsieur.

CHAUVANCY.

De Barjol, je vous en prie. (Il remonte avec de Barjol.)

GUSTAVE, à part.

Ça, ce n'est pas de chance. Il n'y a qu'une femme mariée ici, et je tombe dessus ! Bast ! je vais retrouver la petite, elle n'est pas mariée, je serai tranquille. (Il sort par le fond de gauche.)

SCÈNE XIV

DE BARJOL, CHAUVANCY, puis BOULZAGUET et Mme DE BARJOL.

CHAUVANCY, ramenant de Barjol.

Je vous assure que vous vous trompez.

DE BARJOL.

Je suis trompé, vous voulez dire.

BOULZAGUET, entrant.

Eh bien?

DE BARJOL.

C'est convenu.

BOULZAGUET.

Allons, ce n'est pas un lâche, tant mieux! C'est toujours embêtant de se battre avec quelqu'un qui refuse. (Entre Mme de Barjol par le fond à droite.)

DE BARJOL.

Pardon, il se bat avec moi.

Mme DE BARJOL, en descendant à côté de son mari.*

Vous vous battez?

DE BARJOL.

Oui, madame, je me bats.

BOULZAGUET.

Pas du tout, c'est moi!

DE BARJOL.

Vous n'êtes pas marié, vous, vous n'avez pas à défendre votre honneur conjugal.

BOULZAGUET.

Et l'honneur de ma nièce?

DE BARJOL.

Votre nièce? Un prétexte! Ce qu'il lui a dit c'était pour me donner le change sur ses intentions vis-à-vis de Madame.

Mme DE BARJOL.

De moi? C'est à cause de moi que vous vous battez?

* Boulzaguet, de Barjol, Mme de Barjol, Chauvancy.

CHAUVANCY.

Non, chère madame, c'est un malentendu.

DE BARJOL.

Oui, madame, c'est à cause de vous, à cause de votre coquetterie... indécente!

Mme DE BARJOL.

Indécente?... Soyez donc fidèle à votre mari pour vous entendre traiter de la sorte! Indécente!!

CHAUVANCY.

Calmez-vous, il retire le mot.

DE BARJOL.

Jamais! J'ai des preuves de ce que j'avance!

Mme DE BARJOL.

Des preuves! Montrez-les donc.

BOULZAGUET, à Mme de Barjol.

Ne lui répondez pas.

DE BARJOL, montrant le billet

Connaissez-vous ce billet?

Mme DE BARJOL.

Sans doute.

DE BARJOL.

Elle avoue!

BOULZAGUET, à part.

Alors, c'est clair!

CHAUVANCY, bas.

Niez tout.

Mme DE BARJOL.

Nier? Quoi?

CHAUVANCY.

Je n'en sais rien, mais faites ça pour moi.

Mme DE BARJOL.

Que j'ai reçu cette lettre? C'est vrai; comme il est vrai aussi que je l'ai rendue à celui qui l'avait écrite, en lui faisant comprendre qu'il s'était trompé d'adresse.

CHAUVANCY.

Allons! tout s'explique.

DE BARJOL.

Vous trouvez, vous? Eh bien! je ne crois pas un mot de tout ça, moi.

Mme DE BARJOL.

Vous ne me croyez pas?

DE BARJOL, montrant le billet.

J'ai le billet, madame!

Mme DE BARJOL.

Alors, vous persistez dans vos soupçons?

DE BARJOL.

J'ai le billet!

Mme DE BARJOL.

Et vous voulez provoquer ce jeune homme?

DE BARJOL.

J'ai le billet!

Mme DE BARJOL.

Eh bien! gardez-le! Et puisque vous n'avez pas confiance en moi, puisque votre jalousie me conseille des choses auxquelles je ne pensais pas, je vais y penser! Adieu!

Elle remonte un peu.

DE BARJOL.

Où allez-vous?

Mme DE BARJOL.

Retrouver ce jeune homme, lui dire que je l'aime,

que je l'adore, et puisque vous tenez absolument à vous battre, eh bien! vous vous battrez pour quelque chose.

Elle sort par le fond, à droite.

DE BARJOL.

Comment, elle s'en va?

CHAUVANCY.

Vous avez eu tort de la pousser à bout. Jusqu'ici vous pouviez encore douter, mais, maintenant, vous êtes sûr de votre affaire.

DE BARJOL.

Avec ce petit Monsieur? Jamais! Je le tuerai avant.

CHAUVANCY.

Pas chez moi!

DE BARJOL, *à Boulzaguet.*

Je compte sur vous.

BOULZAGUET.

Soyez tranquille.

De Barjol sort au fond, à droite.

CHAUVANCY. *

Quel scandale! Il est capable de l'étrangler au milieu d'un quadrille.

BOULZAGUET, *à Chauvancy.*

Vous nous ennuyez, c'est votre faute. (*Il passe à droite.*) En somme, tout cela ne serait pas arrivé si vous connaissiez les gens que vous recevez. Au lieu de rester là, est-ce que vous ne devriez pas suivre ce jeune homme, pour l'empêcher de faire d'autres sottises, et savoir à qui nous avons affaire!

* Chauvancy, Boulzaguet

CHAUVANCY.

Vous avez peut-être raison.

BOULZAGUET.

Comment, si j'ai raison! Mais allez-donc! Vous devriez déjà être revenu.

Il le reconduit et le bouscule au fond, à droite.

CHAUVANCY.

J'y vais! Ah! quelle soirée!...

Il sort.

SCÈNE XV

BOULZAGUET, GUSTAVE

BOULZAGUET, seul.

Ce pauvre de Barjol, je vais lui arranger ça pour après-demain si c'est possible. Tâchons de savoir quels sont les témoins de ce monsieur, ça m'évitera de me lever de bonne heure demain.

Il remonte à droite.

GUSTAVE, entrant par le fond, à gauche.

Je ne retrouve pas la petite.

BOULZAGUET, l'apercevant.*

Ah! ah! justement, je vous cherchais, M. Robert.

GUSTAVE, à part.

Non, j'en ai assez de ce nom-là. Il porte la guigne maintenant.

BOULZAGUET.

Je vous fais l'honneur de vous parler, M. Robert.

* Gustave, Boulzaguet.

GUSTAVE.

Pardon, commandant, si cela ne vous fait rien, ne m'appelez pas Robert.

BOULZAGUET.

Parce que?

GUSTAVE.

Parce que je ne suis pas...

BOULZAGUET.

Vous n'êtes pas?

GUSTAVE.

Je ne suis pas M. Robert. (A part.) Ça finirait par m'attirer des désagréments. (Haut.) Je me nomme Gustave, G... u... s...

BOULZAGUET.

Mais alors ce n'est pas vous qui êtes l'amant de Mme de Barjol?

GUSTAVE.

Pas le moins du monde, je ne la connais pas.

BOULZAGUET.

Mais alors... vous êtes un polisson!

GUSTAVE.

Ah! mon cher commandant!...

BOULZAGUET.

Pas de cher commandant!

GUSTAVE.

Cependant, monsieur...

BOULZAGUET.

Vous auriez été ce Robert dont on me rebat les oreilles depuis une heure, j'aurais compris, à cause du mari... mais il ne s'agit plus de ça... (Se croisant les

bras. Ah! vous proposez des écrevisses dans une baignoire à une jeune fille!..

GUSTAVE.

Une jeune fille? (A part.) La petite lui a dit?... Ça c'est bête!

BOULZAGUET.

Vous l'embrassez en plein bal!... Ah! tenez, je vais avancer le duel, je le sens!...

GUSTAVE, à part.

Encore une mauvaise affaire, ça. (Haut.) Inutile, je vois que j'ai fait erreur... Je croyais que c'était votre maîtresse.

BOULZAGUET.

Hein? Quoi? Qu'est-ce qu'il a dit? (Regardant autour de lui.) Nous sommes seuls?... Alors, j'ai bien entendu. Vous prenez ma nièce pour une cocotte?

GUSTAVE.

Dame, écoutez-donc, c'est votre faute, aussi, il ne fallait pas l'amener ici, dans un pareil monde...

BOULZAGUET, en gagnant la droite.

Pareil monde!... Il insulte la caserne où on le régale!...

GUSTAVE.

Remettez-vous, monsieur. Si je vous ai offensé, voici mon adresse.

BOULZAGUET.

Inutile. Je la connais, 7, rue de Trévise.

GUSTAVE, à part, étonné.

Lui aussi? (Haut.) Nous nous expliquerons quand il vous plaira.

BOULZAGUET.

Sur le terrain.

GUSTAVE.

Soit! (Il le salue.) Monsieur...

BOULZAGUET.

Ne me saluez pas... sur le terrain!

Il lui tourne le dos.

GUSTAVE, à part, en remontant.

Me voilà avec deux duels, moi! Je commence à ne plus m'amuser ici. Et toujours pas d'Ernest! Je vais me coucher. (Il va au vestiaire.) Bon, pas de domestique! Où est-elle, celle-là?

Il entre au fond, à gauche.

SCÈNE XVI

BOULZAGUET, DE BARJOL

BOULZAGUET, seul.

J'ai eu tort de ne pas l'assommer d'abord... On se serait expliqué après.

DE BARJOL, entrant du fond, à droite.*

Eh bien?

BOULZAGUET.

Ça y est!

DE BARJOL.

Quand nous battons-nous?

BOULZAGUET.

Qui ça?

DE BARJOL.

Eh, bien! moi et ce...

* Boulzaguet, de Barjol.

BOULZAGUET.

Ah ! ça, mais vous ne comprenez donc jamais rien ! C'est vous qui êtes mon témoin.

DE BARJOL.

Impossible, puisque c'est moi qui me bats.

BOULZAGUET.

Avec moi ?

DE BARJOL.

Non, avec ce Robert.

BOULZAGUET.

Il s'appelle Gustave.

DE BARJOL.

Gustave ?... (Lui prenant la main.). Je comprends, mais je n'accepte pas votre générosité. Vous voulez m'éviter ce duel, en ayant l'air de le prendre pour votre compte.

BOULZAGUET.

Moi ?

DE BARJOL.

Mais comme c'est bien ce Robert..

BOULZAGUET.

Je vous affirme que non !

DE BARJOL.

Moi, je vous affirme que si !

BOULZAGUET.

Monsieur !

DE BARJOL.

Commandant !

A ce moment Joséphine, attirée par l'altercation, sort du vestiaire et descend au nº 1.

SCÈNE XVII

BOULZAGUET, DE BARJOL, CHAUVANCY, JOSÉPHINE.*

CHAUVANCY, venant du fond à droite et descendant.

Eh bien! qu'y a-t-il encore ! (A part.) Je ne peux pas m'absenter un instant...

BOULZAGUET.

Vous voilà, vous ?

DE BARJOL.

Avez-vous des renseignements ?

CHAUVANCY, il passe au milieu.

Non. (Confidentiellement.) Mais j'ai fait une enquête et je crois que je sais qui c'est.

BOULZAGUET et DE BARJOL.

Enfin !

CHAUVANCY.

Ça doit être un grec.

DE BARJOL.

Un grec ?

BOULZAGUET, sans comprendre.

Le pays n'a pas d'importance.

CHAUVANCY.

Vous n'y êtes pas. Un grec... il triche au jeu.

JOSÉPHINE, à part, s'avançant.

Qui ça?...

BOULZAGUET.

Un voleur ?... je m'en doutais !

* Joséphine, Boulzaguet, de Barjol, Chauvancy.

DE BARJOL.

Il n'est pas seul, d'abord, car cet Ernest qu'il attend, c'est un complice...

JOSÉPHINE, à part.

C'est le monsieur qui attend Ernest ! Tiens ! tiens !

CHAUVANCY.

C'est possible. Il paraît que tout-à-l'heure, au baccarat, il s'est fait adjuger la banque... et, en dix minutes, il gagnait mille francs.

BOULZAGUET et DE BARJOL.

Mille francs !

JOSÉPHINE, s'oubliant.

Mille francs ! Et il me donne une pièce fausse.

TOUS

Une pièce fausse ?

JOSÉPHINE, embarrassée.

Mon Dieu... je ne voulais pas le dire... mais...

BOULZAGUET.

N'aie pas peur, nous te soutiendrons.

JOSÉPHINE, à part.

Ma foi, tant pis ! (Haut, la donnant.) La voilà... (A part.) Puisque c'est un voleur, ça doit être lui.

Ils se rapprochent tous les trois.

BOULZAGUET, prenant la pièce.

C'est une vraie pièce fausse ! (Il la passe à Chauvancy.)

CHAUVANCY, mordant la pièce.

C'est du plomb. (Il la passe à de Barjol.)

DE BARJOL, l'examinant.

C'est même du faux plomb. Un faux monnayeur! (Il repasse la pièce à Chauvancy qui la repasse à Boulzaguet.)

BOULZAGUET, à de Barjol, raillant.

Et vous vouliez vous battre avec lui !

DE BARJOL.

Permettez, c'est vous !

BOULZAGUET.

Moi, jamais! Je flairais quelque chose. (Il met la pièce dans sa poche.)

DE BARJOL, il remonte.

Je vais chercher la police.

CHAUVANCY, le suivant.

La police, chez moi, en plein bal !

BOULZAGUET.

Non, un coup de balai, ça suffira. Laissez, nous nous en chargeons. Allez-vous en, vous.

CHAUVANCY.

Pas de scandale, je vous en prie. Ah ! mon Dieu, si mes invités se doutaient de cela! (Il sort par le fond, à droite.)

JOSÉPHINE, à part.

J'aime mieux ne pas être là, moi! (Elle sort par le premier plan de gauche.)

DE BARJOL, regardant au fond à gauche.

Le voici !

BOULZAGUET, à droite, ainsi que de Barjol.

Attention au commandement !

SCÈNE XVIII

BOULZAGUET, DE BARJOL, GUSTAVE, il vient du fond à gauche,

GUSTAVE, à part.

Je ne trouve pas cette domestique.

BOULZAGUET, sur le devant de la scène, à de Barjol.

Si je commençais l'explication avec ma boite ?

DE BARJOL.

Non, voyez venir.

GUSTAVE, à part, allant au vestiaire.

Après tout, je reconnaîtrai bien mon pardessus.

DE BARJOL, à Boulzaguet.

Qu'est-ce qu'il va faire ?

BOULZAGUET, de même.

Parbleu ! dévaliser le magasin d'habillement. Attendons.

DE BARJOL.

Le flagrant délit, c'est cela.

GUSTAVE, au vestiaire.

Voyons... le voilà... sous ce paletot de fourrures. (Il prend le paletot de Boulzaguet.)

BOULZAGUET, à de Barjol.

Crelotte ! mon pardessus ! (Il veut s'élancer.)

DE BARJOL, le retenant.

Attendez donc !

BOULZAGUET.

Vous êtes bon, vous ! il commence par le mien ! (Il va à Gustave.) Pardon, monsieur... Que faites-vous là ?

GUSTAVE, posant le pardessus et descendant, à part.

Encore ces deux enragés. (Haut.) Moi ? Je cherche mon pardessus pour m'en aller.

BOULZAGUET, ricanant.

Et vous prenez le mien !

GUSTAVE.

Pour avoir le mien.

DE BARJOL.

Et les mille francs ?

GUSTAVE.

Les mille francs ?...

BOULZAGUET.

Oui, chinois !

GUSTAVE.

Chinois ?

DE BARJOL, à Boulzaguet

Grec, vous voulez dire.

BOULZAGUET.

Ça ne fait rien.

DE BARJOL.

Et la fausse monnaie ?

GUSTAVE.

La... Ah ! mais vous m'assommez à la fin !... Vous êtes là à m'agacer depuis le commencement de la soirée. Fichez-moi la paix !

DE BARJOL, se fâchant.

Monsieur !

BOULZAGUET.

Laissez, je suis plus calme que vous. (A Gustave, d'un ton brusque) Monsieur !...

GUSTAVE.

Je vous dis que j'en ai assez, là!... Si c'est une gageure, finissons-en.

DE BARJOL.

Une gageure?

GUSTAVE.

Oui, je vois maintenant d'où vient cette mauvaise farce, seulement, parce que je suis de Pithiviers, ce n'est pas gentil de la part d'Ernest.

ENSEMBLE.

Ernest! Encore! (Chauvancy paraît au fond à gauche.)

GUSTAVE.

Eh! oui, Ernest, l'amant de la maîtresse de la maison.

SCÈNE XIX

LES MÊMES, CHAUVANCY, puis CÉCILE, Mme DE BARJOL.

CHAUVANCY, qui a entendu les derniers mots, descend furieux, brusquement à Gustave.

Vous avez dit, Ernest, l'amant...

GUSTAVE.

Ah! vous le connaissez, vous! Oui l'amant de...

CHAUVANCY.

Vous en avez menti!

GUSTAVE.

Hein!

CHAUVANCY.

Demain, mes témoins seront chez vous, monsieur!

GUSTAVE, à part

Comment, lui aussi ?

BOULZAGUET, à Chauvancy.

Voyons, du calme... Après tout, vous n'êtes pas le seul. .

CHAUVANCY.

Oser soutenir que ma femme a un amant !

GUSTAVE, haussant les épaules.

Votre femme ? D'abord vous n'êtes pas marié.

BOULZAGUET, DE BARJOL et CHAUVANCY.

Pas marié !

GUSTAVE.

C'est votre maîtresse, tout le monde le sait.

CHAUVANCY, exaspéré.

Oh !

BOULZAGUET.

Pas marié ! je m'en doutais.

CHAUVANCY, réprimant un mouvement violent.

Vous voyez bien que ce garçon est fou ! D'où sort-il ? Personne ne le connaît. D'abord qui vous a invité ?

GUSTAVE, impatienté.

Ah ! (Criant.) Mais Ernest ! Ernest qui m'a dit hier : « Si tu n'as rien à faire demain soir, viens donc avec moi chez Nini Plumette, on s'amusera.

CHAUVANCY.

Vous avez dit Nini ?...

GUSTAVE.

Plumette, la maîtresse de la maison.

CHAUVANCY, joyeux, avec éclat.

Mais sapristi ! ce n'est pas ici : c'est au-dessus.

GUSTAVE, confus.

Comment, je me serais trompé d'étage?

CHAUVANCY.

Mais oui! (Ils rient tous, les dames paraissent, Chauvancy va au devant d'elles.)

GUSTAVE, allant à de Barjol.

Je vous demande pardon... Je m'explique alors... *

DE BARJOL, à Gustave.

Moi aussi, le billet... C'était pour une invitée du dessus. Je vous le rends.

GUSTAVE, le prend et regarde, à part.

Tiens! l'écriture d'Ernest... Ça, c'est drôle!..

DE BARJOL.

Ah! ça, oui ou non, vous appelez-vous Robert?

GUSTAVE, confidentiellement.

Quelquefois... pour les dames... du dessus.

DE BARJOL, riant.

Ah! bien!

GUSTAVE, saluant.

Mesdames, Messieurs, je suis désolé et honteux..

BOULZAGUET, à Gustave.

Un instant, nous avons un compte à régler. Vous avez insulté ma nièce, il me faut une réparation.

GUSTAVE.

Si Mademoiselle veut me dire le nom de ses témoins?

BOULZAGUET.

Il veut se battre avec ma nièce!

* Cécile, Boulzaguet, Gustave, de Barjol, Mme de Barjol, Chauvancy.

GUSTAVE.

Oh! légitimement.

BOUZAGUET.

Ah! ah! un mariage; nous en reparlerons, jeune homme, quand nous nous connaîtrons mieux... (Il lui tend la main.)

GUSTAVE.

Comment donc!... alors si vous le permettez, (Regardant Cécile.) c'est ici que j'attendrai Ernest...

FIN

IMP. A LANIER, 14, RUE SEGUIER, PARIS.

PARIS
IMPRIMERIE A. LANIER
14, Rue Séguier, 14

www.ingramcontent.com/pod-product-compliance
Ingram Content Group UK Ltd.
Pitfield, Milton Keynes, MK11 3LW, UK
UKHW021503260726
13993UKWH00004B/1541